BEI GRIN MACHT SICH IHR WISSEN BEZAHLT

AF167950

- Wir veröffentlichen Ihre Hausarbeit, Bachelor- und Masterarbeit

- Ihr eigenes eBook und Buch - weltweit in allen wichtigen Shops

- Verdienen Sie an jedem Verkauf

Jetzt bei www.GRIN.com hochladen und kostenlos publizieren

Bibliografische Information der Deutschen Nationalbibliothek:

Die Deutsche Bibliothek verzeichnet diese Publikation in der Deutschen National-
bibliografie; detaillierte bibliografische Daten sind im Internet über http://dnb.d-
nb.de/ abrufbar.

Impressum:

Copyright © 2020 GRIN Verlag
Druck und Bindung: Books on Demand GmbH, Norderstedt Germany
ISBN: 9783346196644

Dieses Buch bei GRIN:

https://www.grin.com/document/594679

Oliver Dimmerling

Planung und Durchführung eines Ausdauertrainings. Ein Cardio-Training für Anfänger

GRIN Verlag

GRIN - Your knowledge has value

Der GRIN Verlag publiziert seit 1998 wissenschaftliche Arbeiten von Studenten, Hochschullehrern und anderen Akademikern als eBook und gedrucktes Buch. Die Verlagswebsite www.grin.com ist die ideale Plattform zur Veröffentlichung von Hausarbeiten, Abschlussarbeiten, wissenschaftlichen Aufsätzen, Dissertationen und Fachbüchern.

Besuchen Sie uns im Internet:

http://www.grin.com/

http://www.facebook.com/grincom

http://www.twitter.com/grin_com

Planung und Durchführung einer Ausdauertrainingsprogramms

Grob- und Detailplanung eines Cardio-Trainings für Anfänger

Inhaltsverzeichnis

1 Diagnose

a) Allgemeine und biometrische Daten

In dieser Arbeit wird ein Ausdauertrainingsprogramm für Frau M. erstellt und die Entstehung begründet. Frau M. ist Trainingsbeginner und hat noch keine Erfahrungen in geplantem Ausdauertraining. Frühere Ausdauerleistungen wie Fahrrad fahren und Schwimmen hatten keine Anpassungsprozesse oder Leistungsverbesserungen zum Ziel, sondern wurden nur als Zeitvertreib ausgeübt. Zu Beginn werden die allgemeinen und biometrischen Daten von ihr erhoben.

Tab. 1 Allgemeine, biometrische und gesundheitliche Daten

	Ist-Zustand	Norm	Bewertung
Alter	47 Jahre		
Geschlecht	Weiblich		
Körpergröße	1,64 m		
Körpergewicht	66 Kg		
Körperfett (in Kg)	22,85 Kg		
Körperfett (in %)	34,62%	vgl. Abb. 1	Wert zu hoch
Trainingsmotive	Wohlbefinden verbessern (bin zu schnell erschöpft), Gewichtsreduktion (primär möchte ich Fett reduzieren)		
Taillenumfang	83 cm		
Hüftumfang	92 cm		
Taille-Hüft-Quotient	0,90	0,83	Erhöhter Bauchfettanteil
Ruhepuls	75 Schläge/Min.	60-80	Im Normbereich
Berufliche Tätigkeit	Restaurant-Fachfrau		
Aktuelle sportliche Aktivitäten	Nichts		
Frühere sportliche Aktivitäten	Schwimmen, Fahrrad fahren; 2-3 Stunden/ Woche		
Maximal Verfügbare Zeit pro Woche	4 St. pro Woche an 3-4 Tagen		
Blutdruck	Systole: 115 mmHg Diastole: 63 mmHg	siehe Tab.2	Die Werte befinden sich im Normalbereich.
orthopädische und internistische Probleme	Schlüsselbeinbruch		Vorsicht mit Schulter
ärztliche Behandlungen	Zur Zeit keine Behandlung		keine Einschränkung
Medikamente	Keine		

Der systolische Blutdruck von Frau M. betrug im Eingangscheck 115 mmHg, der diastolische Blutdruck 65 mmHg. Nach der Normwerteinteilung der Deutschen Hochdruckliga (vgl. Tab. 2), befindet sich Frau M. mit diesem Messergebnis im normalen Bereich. Ausschlaggebend ist bei der Zuordnung der schlechtere der beiden Werte. In diesem Fall ist der systolische Blutdruck „Normal" und der diastolische „Optimal".

Tab. 2 Blutdruckwerte nach der Deutschen Hochdruckliga

	Systolisch (mmHg)	Diastolisch (mmHg)
Optimal	<120	<80
Normal	<130	<85
Hochnormal	130-139	85-89
Grad 1 Hypertonie	140-159	90-99
Grad 2 Hypertonie	160-179	100-109
Hypertonie Grad 3	≥180	≥110
Isolierte syst. Hypertonie	≥140	≥90

Des Weiteren wurde eine Messung des Taillen- und Hüftumfang vorgenommen. Teilt man den Taillen durch den Hüftumfang, so bekommt man den THQ (Taille-Hüft-Quotient). Bei meiner Kundin liegt dieser bei 0,9. Damit hat ihr Bauch eine apfelförmige Gestalt, dies weist auf erhöhtes viszerales Bauchfett hin. Dieses Fett ist nahe an den Organen und ist daher gefährlich für diese. Nach einem Artikel der Stiftung Warentest sollte der Wert bei einer Frau 0,83 nicht überschreiten. Daher liegt ihr THQ zu hoch und Frau M. hat somit eine erhöhte Belastung des Herz Kreislauf-Systems. (Stiftung Warentest, 2006)

Der Körperfettanteil wurde durch eine Bioimpedanz-Analyse ermittelt. Verwendet Abb. 1 Körperfettnormwerte nach Dr. Gerd Kelly, 2007 wurde der „Body Explorer" von Juwell medical. Dabei werden Widerstände im Körper über Elektroden an der rechten Hand und dem rechten Fuß ermittelt. Die Testperson befindet sich in liegender Position und alle Muskeln sind entspannt.

Körperfettanteil (in %) bei Frauen			
Alter	gut	mittel	erhöht
20-24	22,1	25,0	29,6
25-29	22,0	25,4	29,8
30-34	22,7	26,4	30,5
35-39	24,0	27,7	31,5
40-44	25,6	29,3	32,8
45-49	27,3	30,9	34,1
50-59	29,7	33,1	36,2
>60	30,7	34,0	37,3

Die Messung ergab eine Körperfettmasse von ≈ 23 Kg. Auf der in Abb. 2 darge-stellten Einteilung nach Kelly befindet sich Frau M. im erhöhten Bereich, denn ihr prozentualer Körperfettanteil liegt, bei einem Alter von 47 Jahren, mit 34,6 % zu hoch.

Der Ruhepuls meiner Kundin betrug bei einer Messung mittels EKG 75 Schläge in der Minute. Wollenberg (2013) bestätigt, dass der Normwertbereich für Erwach-sene zwischen 60 und 80 Schlägen/min liegt.

Bezüglich dem Gesundheitszustand von Frau M. ist lediglich festzuhalten, dass sie vor 9 Jahren einen Schlüsselbeinbruch hatte. Daher gilt es Belastungen im Schul-terbereich, welche zu Schmerzen führen, zu meiden. Da sie angibt keine Medika-mente zu nehmen, in keiner ärztlichen Behandlung zu sein und auch keine sonsti-gen gesundheitlichen Probleme vorzuweisen hat, ist sie ansonsten aber frei von Einschränkungen.

b) Leistungsdiagnostik/ Ausdauertestung
Nach dem Eingangsgespräch mit verschieden Checks und der Anamnese, bei wel-chen alle relevanten Daten meiner Kundin aufgenommen wurden, folgt nun ein Ausdauerleistungstest. Frau M. hat mir bereits mitgeteilt, dass sie noch keine Er-fahrungen mit Ausdauertraining gesammelt hat. Sie hat in der Vergangenheit zwar gelegentlich ausdauerorientierten Sport betrieben (vgl. Tab.1), ihren eigenen An-gaben zufolge wurde dies jedoch mit einer sehr geringen Belastung durchgeführt. Diese sportlichen Aktivitäten dienten mehr dem Zeitvertreib, als einem erzielen von Anpassungseffekten. Somit stufe ich meine Kundin als Untrainiert bzw. als Trainingsbeginner ein. Aus dieser Einstufung ergibt sich, dass nur ein submaxima-ler Ausdauertest in Frage kommt, da ein Ausbelastungstest nur für Fortgeschrittene ist und die Gesundheit vom Arzt zuvor bestätigt werden sollte. Als Testgerät wird ein Fahrradergometer verwendet, da die Belastung dort gut dosierbar ist. Des Wei-teren sind die koordinativen Anforderungen und die Gefahr von Fehlbelastungen gering und es gibt wissenschaftlich gesicherte Normwerte. Ich vermerke mir je-doch exakt auf welchem Fahrrad der Test gemacht wurde, da ein Re-Test auf dem gleichen Rad wiederholt werden muss. Gleichfalls wird die Uhrzeit vermerkt und ob der Test unter der Woche oder am Wochenende durchgeführt wurde.

Ich entscheide mich bei meiner Kundin für den IPN-Test (Trunz-Carlisi, 2004), dieser sieht als ersten Schritt eine Voreinstufung vor. Auf Grund ihres Trainingszustandes entscheide ich mich für das WHO-Test Verfahren. In der Voreinstufung wird die Zielherzfrequenz, welche das Abbruchkriterium des Tests darstellt auf 135 Schlägen/Min (S/min) festgelegt. Dies ergibt sich durch ihr Alter von 47 Jahren und ihren bei 75 S/min liegenden Puls (vgl. Trunz-Carlisi, 2004, S.4). Da Frau M. weniger als 1-2 Stunden Ausdauersport in der Woche betreibt, gibt es keinen Pulsaufschlag. Die Trittfrequenz welche nach den Richtlinien des WHO-Tests zwischen 60 und 80 Umdrehungen/Minute (U/min) liegen sollte lege ich noch etwas genauer fest auf 65-70 U/min. Der Test wurde an einem Donnerstag, also unter der Woche, morgens um 11 Uhr durchgeführt.

Tab. 3: WHO-Test

Alter: 47 Jahre	Hf$_{Ruhe}$: 75 S/Min	Steigerung: 25Watt	
Pulsobergrenze/Abbruchkriterium: 135 S/Min.		Stufendauer: 2 Min	
Stufendauer: 2 Min.		Eingangsbelastung: 25 Watt	
Zeit (Min)	Leistung (Watt)	HF$_1$ (S/min)	HF$_2$ (S/min)
0-2	25	99	104
2-4	50	109	110
4-6	75	119	123
6-8	100	132	Abbruch!*

*nach einer Dauer von 7:09 min wurden 135 Schläge/Min. erreicht

Wie aus Tab.3 ersichtlich wird nach 7 Minuten und 9 Sekunden der Testabbruchspuls von 135 S/min erreicht. Zuvor wurde nach jeder Minute der aktuelle Puls notiert. Da das Ergebnis zeitinterpoliert dargestellt wird und die 100 Watt nur ungefähr 1 Minute durchgehalten wurden wird die Hälfte der Leistung der 4. Stufe ins Ergebnis gerechnet. Es ergibt sich eine Gesamtleistung von (3*25W+0,5*25W= 87,5W) 87,5 Watt.

Um das Ergebnis mit den Normwerten vergleichen zu können, muss es nun durch das Körpergewicht geteilt werden (87,5 W / 66 Kg = 1,325W/Kg). In der Normwerttabelle kann nun das Ergebnis entnommen werden.

Das Ergebnis des Ausdauertests meiner Kundin liegt demnach noch außerhalb des durchschnittlichen Wertes. Zwar sagte sie mir bei Bekanntgabe des Ergebnisses, dass sie erst um 2 Uhr nachts von der Arbeit gekommen sei, doch das Ergebnis ist trotzdem als unterdurchschnittlich einzustufen. (vgl. Abb.2)

Abb. 2 : Relative Watt-Soll-Leistung pro Kilo (Frauen)

Frauen

Faktor/Alter	< 30	30-34	35-39	40-44	45-49	50-54	55-59	ab 60	Bewertung
0,50	1,15	1,09	1,04	0,98	0,92	0,86	0,81	0,75	- -
0,51	1,2	1,14	1,08	1,02	0,96	0,90	0,84	0,78	- -
0,52	1,25	1,19	1,13	1,06	1,00	0,94	0,88	0,81	- -
0,53	1,3	1,24	1,17	1,11	1,04	0,98	0,91	0,85	- -
0,54	1,35	1,28	1,22	1,15	1,08	1,01	0,95	0,88	- -
0,55	1,40	1,33	1,26	1,19	1,12	1,05	0,98	0,91	-
0,56	1,45	1,38	1,31	1,23	1,16	1,09	1,02	0,94	-
0,57	1,50	1,43	1,35	1,28	1,20	1,13	1,05	0,98	-
0,58	1,55	1,47	1,40	1,32	1,24	1,16	1,09	1,01	-
0,59	1,60	1,52	1,44	1,36	1,28	1,20	1,12	1,04	-
0,60	1,70	1,62	1,53	1,45	1,36	1,28	1,19	1,11	O
0,61	1,80	1,71	1,62	1,53	1,44	1,35	1,26	1,17	O
0,62	2,00	1,90	1,80	1,70	1,60	1,50	1,40	1,30	O
0,63	2,10	2,00	1,89	1,79	1,68	1,58	1,47	1,37	+
0,64	2,30	2,19	2,07	1,96	1,84	1,73	1,61	1,50	+
0,65	2,40	2,28	2,16	2,04	1,92	1,80	1,68	1,56	+
0,66	2,60	2,47	2,34	2,21	2,08	1,95	1,82	1,69	+ +
0,67	2,80	2,66	2,52	2,38	2,24	2,10	1,96	1,82	+ +
0,68	3,00	2,85	2,70	2,55	2,40	2,25	2,10	1,95	+ +
0,69	3,20	3,04	2,88	2,72	2,56	2,40	2,24	2,08	+ +
0,70	3,40	3,23	3,06	2,89	2,72	2,55	2,38	2,21	+ +

c) Gesundheits- und Leistungsstatus der Person

Zusammenfassend muss man Frau M als einen Trainingsbeginner einstufen. Zwar gibt es außer ihrer Schulter, welche aber auch keine Probleme bereitet, keine körperlichen Einschränkungen und auch sonst keine Krankheiten oder Ähnliches, die die Gestaltung des Trainings eingrenzen. Aber auf Grund ihrer Erfahrungen mit Sport, insbesondere im Ausdauerbereich, und ihres unterdurchschnittlichen Ausdauer-Leistungsvermögens (vgl. 1B) kann sie nicht mit fortgeschrittenen Belastungen trainieren. Denn ihre bisherigen sportlichen Aktivitäten wurden in einem so geringen Umfang gemacht, dass keine signifikanten Anpassungen des Herz-Kreislauf-Systems sowie der Ausdauerleistungsfähigkeit erzielt wurden. Andernfalls müsste das Ergebnis des Testes besser ausgefallen sein, das sie dies bis zuletzt über mehrere Jahre machte. Das Risiko einer Überforderung und eines Abbruch des Trainings wäre sonst zu hoch wenn gleich zu Beginn die Anforderungen zu hoch gesetzt werden. Sie bekommt daher ein Ausdauertraining das für einen Trainingsbeginner geeignet ist. Diesen kann Frau M. jedoch ohne Einschränkungen absolvieren.

2 Zielsetzung/ Prognose

Als erstes und wichtigstes Ziel wird eine Verbesserung der Wattleistung um 25 %, in 3 Monaten, im Vergleich zum Eingangstest, angesetzt. Diese 25 % liegen für den angestrebten Zeitraum bis zum ersten Re-Check im realistischen Bereich, da bei einem Trainingsbeginner wie meiner Kundin, zu Beginn große Verbesserungen der Wattleistung, bei einem submaximalen Ausdauertest erzielt werden können. Gleichzeitig ist eine Verbesserung der Leistungsfähigkeit des Herz-Kreislauf-Systems zwingender Bestandteil, um eine niedrige Erschöpfungsschwelle zu verbessern (vgl. Tab.1). Dies ist Frau M. sehr wichtig, da sie so ihren Arbeitsalltag als Restaurantfachfrau besser bestreiten kann. Die 25 % stellen eine erhebliche Verbesserung da, sodass meine Kundin auch motiviert ist ihr Ziel zu erreichen. Weiterhin ist der angestrebte Zeitraum von ca. 12 Wochen so gewählt, dass die Ergebnisse greifbar sind, und nicht in ferner Zukunft liegen. Auch so wird die Motivation gefördert.

Das zweite Ziel ist eine Absenkung der Ruheherzfrequenz auf 71 Schläge/Min in 12 Wochen.

Zwar ist der Ruhepuls meiner Kundin im Normbereich, doch er ist am oberen Ende des Normbereiches. Daher ist die Absenkung nicht ganz so groß, doch selbst diese 4 Schläge Unterschied sorgen am Ende des Tages für 5760 Schläge weniger. An nur einem einzigen Tag! Dies bedeutet „Urlaub" für das Herz meiner Kundin. Und alleine vom Gesundheitsaspekt her sollte der Puls verbessert werden, zumal diese Entwicklung mit weiteren Optimierungen des Herz-Kreislauf-Systems einhergeht und der Puls auch als ein weiteres Indiz für das „bessere Wohlbefinden" (vgl. Tab.1) herangezogen werden kann.

Als drittes und letztes Ziel will ich mit meiner Kundin 2 Kg Körperfett in 12 Wochen reduzieren.

Der Körperfettanteil von Frau M. ist erhöht (vgl. Abb. 1) und es ist ihr ausdrücklicher Wunsch Fett abzubauen (vgl. Tab.1) Im primären Fokus steht zwar das Herz- und Kreislauftraining, doch mit etwas Disziplin bei der Ernährung und der Einhaltung kleiner Regeln, welche ich Frau M. mitgebe, ist auch dieses Ziel in der gegebenen Zeit zu erreichen. Insgesamt müssen dafür etwa 14.000 kcal mehr verbrannt werden als meine Kundin in den 12 Wochen verbraucht. Das sind pro Tag nur 167kcal.

Diese Differenz kann sie auf jeden Fall durch ihr Training erzeugen.

3 Trainingsplanung Mesozyklus

a) Grobplanung Mesozyklus

Für die Trainingsplanung von Frau M. erstelle ich einen Makrozyklus, bestehend aus 4 Mesozyklen, mit einer Dauer von je 6 Wochen. Im Verlauf ist der 4. und damit der letzten Mesozyklus ihres ersten Makrozyklus dargestell. Zuvor muss jedoch beachtet werden, dass meine Kundin als Trainingsbeginner in den ersten Makrozyklus einsteigt und in den ersten Mesozyklen an ein regelmäßiges Ausdauertraining gewöhnt wird. Dabei wird das Training von Woche zu Woche gesteigert. Zu Beginn wird die Häufigkeit gesteigert. Sodass während dem 3. Mesozyklus das maximale Maß von 3-4 Einheiten in der Woche erreicht wird. Des Weiteren wird auch der Umfang und zunehmend die Trainingsintensität gesteigert.

Hier ist nun die Grobplanung für den Mesozyklus 4, also der Plan für die Trainingswochen 19-24. In den vorrangegangenen Wochen wird zunächst sehr viel Grundlagenausdauer trainiert. Ab dem 4. Mesozyklus ist die intensive Dauermethode, welche erst für Fortgeschrittene geeignet ist, Bestandteil der Trainingsplanung.

Tab. 4a: Grobplanung eines Mesozyklus (eigene Darstellung)

Mesozyklus IV	Dauer: 6 Wochen
Übergeordnete spezifische Trainingszielsetzung	• Verbesserung der Grundlagenausdauer • Einstieg in das Ellipsentraining • Beginn mit Intensiver Dauermethode • Körperfettreduktion
Wöchentlicher Gesamtumfang	150-230 min
Trainingsmethoden	• extensive Dauermethode (Ex. DM) • variable Dauermethode (Vari. DM) • intensive Dauermethode (Int. DM)
Trainingsintensitäten	• 66-80% Hf_{max} (Laufband) • 66-80% Hf_{max} (Fahrradergometer) • 68-78% Hf_{max} (Ellipsentrainer)

	Mesozyklus IV Dauer: 6 Wochen	
Trainingshäufigkeit	3-4 / Woche	
Dauer der Trainingseinheiten	35-75 min (Laufband) 30-75 min (Fahrrad) 30-55 min (Ellipsentrainer)	
Vorgesehene Trainingsgeräte	• Laufband (Walking) • Fahrradergometer • Ellipsentrainer	

b) Detailplanung Mesozyklus

Für die Berechnung der genauen Trainingsherzfrequenz wird zunächst nach der ACSM-Formel die Maximale Herzfrequenz bestimmt. Die maximale Herzfrequenz meiner Kundin liegt (Formel: *220S/min – Alter in Jahren[47]*) bei 173 Schlägen in der Minute. Tomasits und Haber weisen jedoch darauf hin, dass diese Formel nur einen statistischen mittleren Schätzwert darstellen, und es deutliche Abweichungen geben kann (Tomasits & Haber, 2011, S.70f). Bei der Betrachtung der Trainingsherzfrequenzen muss beachtet werden, dass die Formel beim Fahrradfahren etwas verändert werden muss. Da weniger Muskulatur an der Bewegung beteiligt ist, als es beim Walken oder auf dem Ellipsentrainer der Fall ist, kann die Herzfrequenz nicht die Werte wie beim Laufen erreichen. Daher wird mit einem Startwert von 200 anstatt 220 S/min gerechnet. Für das Training auf dem Fahrradergometer hat Frau M. daher eine Maximale Herzfrequenz von 153 S/Min. Dem entsprechend ist ihr Trainingspuls auf dem Fahrrad niedriger. Die Belastung für das Herz-Kreislauf-System ist jedoch identisch zu den anderen Belastungen. Die gezeigten Pulsfrequenzen sind die Durchschnittswerte, die beim Training erzielt werden sollen.

Tab. 5a: Detailplanung eines Mesozyklus (eigene Darstellung)

Woche 1	Tag 1	Tag 2	Tag 3	Tag 4
Trainingsziel	GA 1	Beginn mit Int. DM	GA 1	
Tr.-Methode	Ext. DM	Int. DM	Ext. DM	
Tr.-Intensität	65-68% Hf_{max} 99-104 S/min	75-78% Hf_{max} 114-119 S/Min	65-68% Hf_{max} 112-117 S/min	
Tr.-Dauer	60 min	30 min	60 min	
Trainingsgerät	Fahrrad	Fahrrad	Laufband	

9

Tab. 5b: Detailplanung eines Mesozyklus, Fortsetzung 1

Woche 2	Tag 1	Tag 2	Tag 3	Tag 4
Trainingsziel	GA 1/2	- GA 1 - Beginn mit Ellipsentraining	GA 1	
Tr.-Methode	Vari. DM	Ext. DM	Ext. DM	
Tr.-Intensität	Extensive Phase: 63-66% Hf_{max} (109-114 S/min) Intensive Phase: 75- 78% Hf_{max} (129-135 S/min)	65-68% Hf_{max} 112-117 S/min	65-68% Hf_{max} 99-104 S/min	
Tr.-Dauer	Gesamt: 35 min Je Intervall: 5 min	45 min	70 min	
Trainingsgerät	Laufband	Ellipsentrainer	Fahrrad	

Woche 3	Tag 1	Tag 2	Tag 3	Tag 4
Trainingsziel	GA 1	GA 2	GA 1	
Tr.-Methode	Ext. DM	Int. DM	Ext. DM	
Tr.-Intensität	67-70% Hf_{max} 102-107 S/min	75-78% Hf_{max} 129-135 S/Min	67-70% Hf_{max} 115-121 S/min	
Tr.-Dauer	70 min	45 min	50 min	
Trainingsgerät	Fahrrad	Laufband	Ellipsentrainer	

Woche 4	Tag 1	Tag 2	Tag 3	Tag 4
Trainingsziel	GA 1/2	GA 1	GA 2	GA 1
Tr.-Methode	Var. DM	Ext. DM	Int. DM	Ext. DM
Tr.-Intensität	Ext. Phase: 63-66% Hf_{max} (96-101 S/min) Int. Phase: 75-78% Hf_{max} (114-119 S/min)	67-70% Hf_{max} 115-121 S/min	75-78% Hf_{max} 129-135 S/min	67-70% Hf_{max} 115-121 S/min
Tr.-Dauer	Gesamt 40 min Je Intervall: 5 min	50 min	30 min	65 min
Trainingsgerät	Fahrrad	Ellipsentrainer	Ellipsentrainer	Laufband

Woche 5	Tag 1	Tag 2	Tag 3	Tag 4
Trainingsziel	GA 2	GA 1	GA 1/2	GA 1
Tr.-Methode	Int. DM	Ext. DM	Var. DM	Ext. DM
Tr.-Intensität	75-78% Hf_{max} 129-135 S/min	69-72% Hf_{max} 105-110 S/min	Ext. Phase: 63-66% Hf_{max} (109-114 S/min) Int. Phase: 75-78% Hf_{max} (129-135 S/min)	69-72% Hf_{max} 105-124 S/min
Tr.-Dauer	45 Min	70 min	Gesamt: 50 min Je Intervall: 5 min	55 Min
Trainingsgerät	Laufband	Fahrrad	Laufband	Ellipsentrainer

Woche 6	Tag 1	Tag 2	Tag 3	Tag 4
Trainingsziel	GA 2	GA 1	GA 2	GA 1
Tr.-Methode	Int. DM	Ext. DM	Int. DM	Ext. DM
Tr.-Intensität	75-78% Hf$_{max}$ 114-122 S/min	69-72% Hf$_{max}$ 119-124 S/min	75-78% Hf$_{max}$ 129-135 S/min	69-72% Hf$_{max}$ 105-110 S/min
Tr.-Dauer	40 min	75 min	40 min	75 min
Trainingsgerät	Fahrrad	Laufband	Laufband	Fahrrad

c) Begründungen zum Mesozyklus

Um in einem Training langfristig Verbesserungen und Anpassungen zu erzielen muss nach dem „Prinzip der ansteigenden Belastung" (Weineck, 2007, S.47) eine regelmäßige Steigerung der Belastung erfolgen. Weineck weist zudem darauf hin, dass eine Steigerung des Belastungsumfanges, einer der Belastungsintensität, vorgezogen werden soll. Der maximale Umfang ist von in diesem Fall von Frau M. vorgegeben, und liegt bei höchstens 4 Tagen mit einem Gesamtumfang von maximal 240 Minuten. Diese Vorgaben müssen zwingend bei der Trainingsplanung eingehalten werden. Ein Trainingsabbruch könnte sonst die Folge sein.

Abb. 3: Diagramm zum wöchentlichen Trainingsumfang (in Minuten)

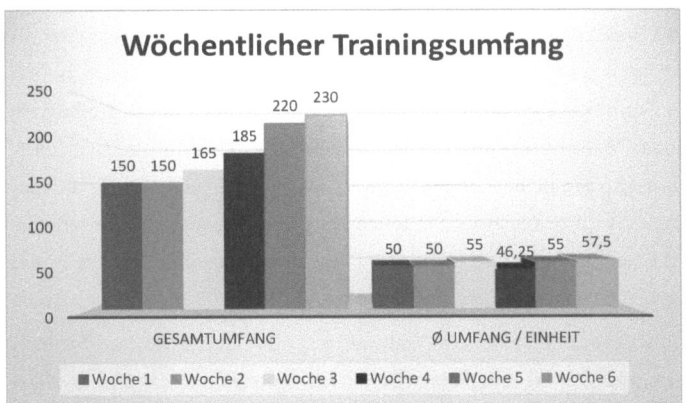

Abbildung 3 zeigt, dass der wöchentliche Gesamttrainingsumfang in den 6 Wochen des Mesozyklus deutlich ansteigt. Da meine Kundin Trainingsbeginner ist, werden im gesamten ersten Makrozyklus die größten Steigerungen durch die Trainingshäufigkeit und den Umfang erreicht. Der Umfang steigt von 150 Minuten auf 230 Minuten an. In der zweiten Woche findet jedoch noch keine Steigerung statt, da meine Kundin zunächst an das Training auf dem Ellipsentrainer und die intensive

Dauermethode gewöhnt wird. Dann findet eine kontinuierliche Erhöhung des Gesamtumfangs statt. Dabei muss man jedoch auch beachten, dass ab der 4. Woche die Häufigkeit der Einheiten pro Woche von 3 auf 4 gesteigert wird. Nach Tomasits und Haber (2011. S.131) ist eine Häufigkeit von 3-4 Einheiten optimal um gesundheitsfördernde Effekte durch das Ausdauertraining zu erreichen. Gleichfalls sollten die Einheiten aber mindestens 30 Minuten dauern. Nur bei Untrainierten sollte zu Beginn etwas kürzer begonnen werden.

Die kürzeste Einheit im Trainingsprogramm dauert 30 Minuten, daher beinhalten alle Trainingseinheiten den Mindestumfang um einen Anpassungsreiz hervorrufen zu können. Natürlich muss auch die Intensität hoch genug sein um einen trainingswirksamen Reiz auszulösen.

Aus Abb. 3 wird darüber hinaus deutlich, dass die Dauer pro Einheit in der 4. Woche um fast 10 Minuten absinkt, in den folgenden Wochen jedoch wieder steigt. In der 4. Woche wird von 3 auf 4 Trainingstage umgestellt, daher sinkt die Trainingszeit pro Einheit um Frau M. in dieser Woche an den 4. Trainingstag zu gewöhnen. Dann wird wieder mit der gewohnten Dauer pro Einheit trainiert, ehe diese in der 6. Woche nochmals gesteigert wird.

Insgesamt wird ersichtlich, dass auch im 4. Mesozyklus des Trainingsplans die Erhöhung des Umfanges im Vordergrund steht. Dies beruht unter anderem auf der Einstufung als Trainingsbeginner. Bei einem Trainingsbeginner sollte die Intensität nur in geringen Maßen gesteigert werden, primär sollen Umfang und Häufigkeit zur Belastungssteigerung dienen. Die Häufigkeit wird jedoch auch nur für die dargestellten letzten drei Wochen auf 4 Einheiten festgelegt. Anschließend wird wieder mit 3 Einheiten trainiert, oder es werden Regenerationseinheiten mit in das Training integriert, da ansonsten auf Dauer die Gefahr eines Übertrainings besteht.

Frau M. möchte jedoch neben ihrer Verbesserung des Herz-Kreislauf-Systems auch ihren Körperfett-Anteil reduzieren. Daher endet der Makro-, bzw. der vierte Mesozyklus mit 3 intensiven Trainingswochen, bevor ein neuer Makrozyklus erstellt und das Training neu ausgerichtet wird.

In dem dargestellten Mesozyklus werden die extensive, die variable und die intensive Dauermethode benutzt. Auf ein Intervalltraining wird im gesamten ersten Makrozyklus verzichtet, da eine gute Grundlagenausdauer für Intervalltraining vorhanden sein sollte. Die extensive und variable Dauermethode sind bereits Bestandteil in den vorherigen Mesozyklen, wobei im ersten Mesozyklus nur die extensive Dauermethode verwendet wird. Da meine Kundin jedoch auch Fett reduzieren möchte kommt im 4. Mesozyklus auch die intensive Dauermethode zur Verwendung. Denn bei höheren Belastungen wird ein höherer Kalorienverbrauch erzielt. Des Weiteren bringt diese neue Methode mehr Abwechslung in das Trainingsprogramm, da die extensive Dauermethode nun schon oft durchgeführt wurde. Letztendlich entscheidend bei der Auswahl der Trainingsmethode ist jedoch auch die mit dem Training verfolgte Zielsetzung. Bei meiner Kundin sind eine Verbesserung des Herz-Kreislauf-Systems und eine Fettreduktion gewünscht. Auf Grund dieser Ziele ist sie nicht nur Gesundheitssportler, denn sie hat konkrete Verbesserungswünsche und nicht nur einen Leistungserhalt zum Ziel. Somit ist es sinnvoll auch Methoden mit höherer Intensität zu benutzen, wie beispielsweise die intensive Dauermethode. Mit 12 Trainingseinheiten ist die extensive Dauermethode jedoch weiterhin die Trainingsgrundlage. Lediglich 3x wird die variable Dauermethode verwendet.

Abb. 4: Verwendete Trainingsmethoden

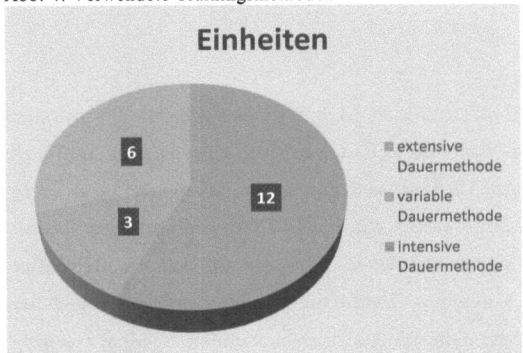

Bei der Verteilung der der Methoden wurde darauf geachtet, dass sich die extensive Dauermethode immer mit den variablen und intensiven Dauermethoden abwechselt. Denn nach dem „Prinzip der optimalen Relation von Belastung und Erholung" (Weineck, 2007, S. 50) müssen Erholungsphasen eingehalten werden, um Anpassungsvorgänge zu ermöglichen. Bei meiner Kundin ist nach jeder Einheit der variablen oder intensiven DM ein Tag Pause Pflicht. Am besten auch nach der Extensiven Dauermethode, doch in den Wochen 4-6 muss Sie einmal pro Woche nach einer extensiven Einheit, eine intensivere Trainingseinheit absolvieren, ohne einen Tag Pause zu haben. An dieser Stelle muss aber nochmals darauf hingewiesen werden, dass dieses intensive Training (Woche 4-6) nur über einen kurzen Zeitraum absolviert wird, und im Vorfeld 18 Wochen lang Grundlagenausdauer 1 trainiert wurde. Nach Weineck (2007, 51) folgt auf jede reizauslösende Belastung eine intensivere Wiederherstellung, wenn der Körper Zeit zum Regenerieren bekommt. Dies habe ich Frau M. an einer Grafik verdeutlicht und ihr erklärt dass ein Tag Regeneration in diesem schon etwas fortgeschrittenen Trainingszustand (trainiert bereits 18 Wochen) optimal für Sie ist, ganz zu Beginn hat Sie 2-3 Tage Regeneration nach einer Einheit.

Wie zuvor schon beschrieben findet in diesem Makrozyklus die größte Progression über den Umfang statt. Jürgen Weineck weist darauf hin, dass es sich empfiehlt zuerst die Häufigkeit, dann den Umfang und zuletzt die Intensität zu steigern (2007, 49). Die Häufigkeit wird im Verlauf von 3 auf 4 Einheiten gesteigert. Damit ist auch der Maximale Zeitrahmen meiner Kundin ausgeschöpft, da Sie nicht öfter als 4 Tage die Woche Zeit hat. Um meine Kundin nicht zu überfordern trainiert Sie die ersten 3 Wochen nur an 3 Tagen die Woche, denn so kann nach jedem Training ein Tag Pause eingehalten werden. Der Umfangssteigerung kommt eine große Bedeutung zu, doch auch dort sind seitens der Kundin Grenzen (max. 240 Minuten) gesetzt. Der Umfang in den ersten 3 Wochen des 4. Mesozyklus ist besonders niedrig, und auch unter dem Umfang mit welchem zum Ende des 3. Mesozyklus trainiert wurde. Denn die Kundin muss sich auf das intensive Training einstellen. Ab der 4 Woche wird der Umfang wieder auf ein hohes Niveau gesetzt. Da dies auch an die gesetzte Obergrenze meiner Kundin stößt muss im Verlauf auch eine leichte Steigerung der Intensität folgen. Denn ab dem nächsten Makrozyklus wird auch vermehrt mit höheren Intensitäten trainiert werden um weitere Belastungssteigerungen zu ermöglichen. In folgender Tabelle wird die Entwicklung des Umfangs und der Intensität von der ersten zur letzten Einheit einer jeden Methoden dargestellt.

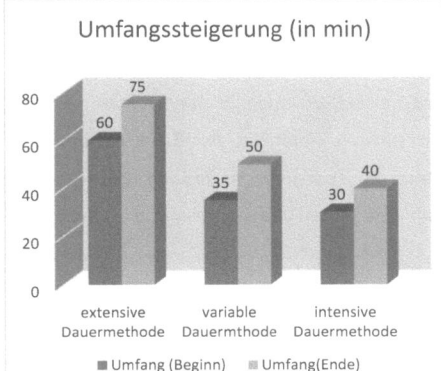

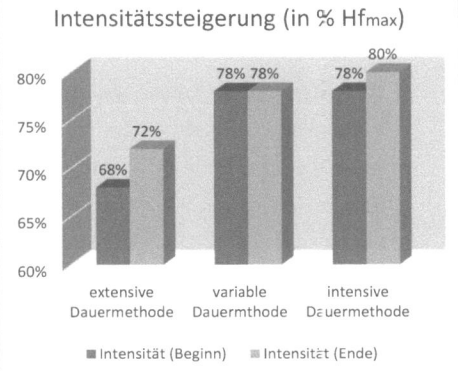

In Abb. 5 und 6 wird nochmals deutlich, dass die Intensität nur ganz leicht und der Umfang deutlich mehr gesteigert wird. Dies ist bei einem Trainingsbeginner sinnvoll (vgl. Weineck). Die variable Dauermethode wird in der Intensität gar nicht gesteigert, da sie nur 3x im Plan trainiert wird.

Ab diesem 4. Mesozyklus bekommt das Grundlagenausdauertraining 2 eine deutlich höhere Bedeutung. In den zurückliegenden Mesozyklen wurde die Grundlagenausdauer mit der extensiven Dauermethode Stabilisiert und Frau M. mit der variablen Dauermethode an das Grundlagenausdauer 2 Training herangeführt. Nun wird die intensive Dauermethode in das Training integriert. Durch die höhere Belastungsintensität wird die Entwicklung der aeroben Fähigkeiten erzielt (Grundlagenausdauer 2/GA 2) und nicht nur die Stabilisierung (GA 1) wie bei der extensiven Dauermethode. Da dieses Ziel für meine Kundin am wichtigsten ist wird 6x die intensive Dauermethode durchgeführt. Doch die GA 1 sollte bei einem Gesundheitssportler immer den größten Anteil im Gesamtumfang ausmachen (vgl. Abb. 4).

Bei der Auswahl der Trainingsgeräte ist mit gerade bei Freizeitsportlern die Vielseitigkeit sehr wichtig. Jedes Gerät belastet den Körper anders und mit dem Mix von Ellipsentrainer, welcher erst im 4. Mesozyklus dazu genommen wird, dem Walken auf dem Laufband, welches die einzige Belastungsform im ersten Mesozyklus ist, und dem Fahrrad hat Frau M. einen Abwechslungsreichen Trainingsplan. Besonders wichtig ist jedoch, dass die Einheiten auf dem Laufband und dem

Ellipsentrainer mehr Energie verbrauchen als eine vergleichbare Trainingseinheit auf dem Fahrradergometer, da diese mehr Muskulatur aktivieren. Dennoch ist das Fahrrad eine gute Wahl um auch eine etwas weniger anspruchsvolle Belastung zum Gesamtgefüge zu haben. Zudem fährt meine Kundin auch in der Freizeit gerne Fahrrad (vgl. Tab.1), weshalb sie Spaß an diesem Gerät hat. Spaß ist immer die beste Motivation für ein Training. Nach dem „Prinzip der variierenden Belastung" (Weineck, 2007, S. 50) ist ein Wechsel verschiedener Belastungen auch elementar um langfristige Adaptationsprozesse erzielen zu können.

4 Literaturrecherche

Im Zuge meiner Literaturrecherche befasse ich mich mit dem Thema Effekte eines Ausdauertrainings bei arterieller Hypertonie. Ich habe 2 Dissertationen die sich mit dieser Thematik auseinandersetzten.

Die erste Dissertation trägt den Namen „Effekte eines 12-wöchigen Ausdauertrainings auf die körperliche Leistungsfähigkeit und den psychischen Zustand von Patienten mit isolierter systolischer Hypertonie". Sie wurde am 09.09.2011 von Romy Meißner veröffentlicht, und der Medizinischen Fakultät der Charité in der Universitätsklinik Berlin vorgelegt. Für die Untersuchung wurden 51 Patienten mit isolierter systolischer Hypertonie aus der Blutdrucksprechstunde der Charité rekrutiert. Einschlusskriterien waren ein Alter von mindestens 60 Jahren und ein isolierter systolischer Blutdruck. Aussschlusskriterien waren unter anderem eine regelmäßige sportliche Betätigung im Vorfeld der Untersuchung (in der letzten 12 Wochen), Herzinsuffizienz, ein systolischer Blutdruck von über 180 mmHg.
Die Teilnehmer der Studie wurden in 2 Gruppen aufgeteilt. In der Trainingsgruppe waren 24 Personen, darunter 11 Frauen und 13 Männer mit einem Alter von 67,2 ±4,8. In der Kontrollgruppe mit 27 Personen waren 16 Frauen und 11 Männer mit einem Alter von 68,9 ± 5,2. Die Testpersonen haben im Mittelwert 3 antihypertensive Medikamente genommen. An der Medikation wurde während der Testdurchführung nichts verändert.
Zu Beginn der Untersuchung wurde ein intensiver Eingangscheck mit den Teilnehmern gemacht. So wurden zum Beispiel ein Ruhe- und ein Belastungs-EKG, eine

Laufbandspiroergometrie und eine Langzeit-Blutdruckmessung mit allen durchgeführt. Die Laufbandspiroergometrie wurde bei einer Geschwindigkeit von 3 Meilen durchgeführt. Beginnend bei einer Steigung von 0, wurde diese alle 3 Minuten um 2,5 Grad erhöht. Die Probanden sollten bis zu völligen Erschöpfung laufen. Nach jeder Stufe, bzw. nach Testabbruch wurden zusätzlich Blutdruck, Laktatwerte, Herzfrequenz und die subjektive Befindlichkeit (nach Borg) bestimmt. Das jeweilige Ergebnis dieses Leistungstests wurde anschließend zur Bestimmung der Trainingsintensitäten bestimmt. Am Institut für Sportmedizin wurde nun 12 Wochen lang 3x pro Woche ein Trainingsprogramm absolviert.

Abb. 7: Ablauf des Trainings (Meißner, 2011, S.22)

Das Training wurde mit kurzen Belastungsintervallen begonnen und regelmäßig gesteigert. Die Trainingsumfänge waren dabei vom vorgegeben und werden in den 12 Wochen von 15min auf 30-40min gesteigert. Die Intensität wird alle 5 Trainingstage, mittels Laktatmessungen überprüft und bei Bedarf durch eine Geschwindigkeitserhöhung um 0,5 Km/h erhöht.

Bei den Abschlussuntersuchungen und der Auswertung folgende unter Anderem konnten Verbesserungen festgestellt werden:

- Bessere Ausdauerleistungsfähigkeit (in Watt): von 153,4 ± 12,4 auf 197,7 ± 11,1 (Kontrollgruppe: Von 122,6 ± 10,0 auf 127,5 ± 10,8)
- Absenkung des systolischen Blutdrucks (in mmHg): von 185,2 ± 5.7 auf 153,8 ± 5,9 (Kontrollgruppe: Von 189,3 ± 5,6 auf 167,1 ± 5,3)
- Absenkung der Herzfrequenz(Schläge/min): Von 111,4 ± 3,7 auf 92,9 ± 2,8 (In der Kontrollgruppe gab es keine relevanten Veränderungen)

Das Ergebnis die Untersuchen lässt die Aussage zu, dass Ausdauertraining positive Aspekte auf den Körper, bzw. das Herz-Kreislauf-System von Patienten mit isolierter systolischer Hypertonie hat. Es ist jedoch auch Anlass für weitere Untersuchungen.

17

Der Zugriff auf die Dissertation von Frau Meißner erfolgte am 19.12.2013. Zu finden ist die gesamte Arbeit unter dem Link: http://www.diss.fu-berlin.de/diss/servlets/MCRFileNodeServlet/FUDISS_derivate_000000009658/Dissertation.pdf?hosts=

Die zweite Dissertation trägt den Titel „Auswirkungen von Ausdauer- vs. Krafttraining vs. der Kombination Ausdauer-/Krafttraining auf die systemische Hämodynamik, Gefäßelastizität sowie Herzfrequenzvariabilität bei Patienten mit arterieller Hypertonie" und wurde von Anna Lena Bickenbach an der Deutschen Sporthochschule in Köln im Jahr 2011 geschrieben und vorgelegt. Als Testpersonen wurden nur Menschen mit Hypertonie Stufe 1 verwendet, welche in den 3 Monaten vor Untersuchungsbeginn nicht sportlich aktiv waren, und in diesem Zeitraum auch keine antihypertensiven Medikamente bekommen haben. Personen mit Hypertonie Stufe 2 oder höher, wurden ebenso, wie Patienten mit koronarer Herzkrankheit und weitern Krankheitsbildern, von der Studie ausgeschlossen. An der Studie nahmen 55 Personen teil, der Drop-out lag bei 0 %. Es waren davon 13 Frauen und 42 Männer. Das Alter lag im Mittel bei 54,7 ±10,4. Nach einem Eingangscheck im Institut für Kreislaufforschung und Sportmedizin der dt. Sporthochschule wurden 4 Gruppen randomisiert. In der weiteren Beschreibung der Studie konzentriere ich mich auf den Vergleich der Ausdauertrainingsgruppe (ATG) mit 13 Personen und die Kontrollgruppe (KG) mit ebenfalls 13 Testpersonen. Die Kontrollgruppe führte gar keine zusätzliche Aktivität aus. Die ATG bekam ein 12 wöchiges Ausdauertrainingsprogramm auf einem Fahrradergometer. Dabei wurde zunächst nach der Karvonen-Formel die Herzfrequenzreserve bestimmt. Während dem Training wurde mittels einer Pulsuhr die Einhaltung der genauen Trainingsherzfrequenz überprüft. Dann erfolgte ein 5 minütiges Aufwärmen bei 40 % der $Hf_{Reserve}$. In den 12 Wochen wurde das Trainingsprogramm alle gesteigert. Alle 2 Wochen wurde die Intensität (um 5% $Hf_{Reserve}$) und alle 4 Wochen der Umfang (um 5 min) erhöht. Insgesamt wurde der Trainingsumfang so von 20 auf 30min erhöht und die Trainingsintensität von 50 auf 75 % $Hf_{Reserve}$.

Bei der Auswertung der Retests, welche 1-7 Tage nach dem letzten Trainingstag durchgeführt wurden, konnten folgende Beobachtungen festgehalten werden. Die

körperliche Leistungsfähigkeit anhand der VO_{2max} wurde in allen drei Trainings-
gruppen signifikant erhöht. In der AT Gruppe reduzierte sich der Blutdruck um -
3,30 mmHg (2,35%). Die Absenkung war bei der Krafttrainingsgruppe und der
Ausdauer- und Krafttrainingsgruppe jedoch noch höher. Bei der Kontrollgruppe
kam es zu keiner signifikanten Verbesserung des Blutdruckes. Die Parameter der
Herzfrequenzvariabilität bzw. der Gefäßelastizität veränderten sich nicht statis-
tisch signifikant.

Der Zugriff auf die Dissertation von Frau Bickenbach erfolgte am 20.12.2013.

Zu finden ist die gesamte Dissertation auf http://esport.dshs-koeln.de/314/1/For-
matvorlage_Diss_02052012.pdf .

5 Abbildungs- und Tabellenverzeichnis

6   Literaturverzeichnis

Stiftung Warentest. 2006. Online-Quelle: *Herzinfarktrisiko: Taille-Hüft-Quotient gibt Auskunft.* Zugriff am 18.12.2013. Unter: http://www.test.de/ Herzinfarktrisiko-Taille-Hueft-Quotient-gibt-Auskunft-1337906-0/

Tomasits, J., Haber, P. (2011). *Leistungsphysiologie*, 4. Auflage. Wien: Springer Verlag.

Trunz-Carlisi, E. 2004. *IPN-Test® - Ausdauertest für den Fitness- und Gesundheitssport.* Institut für Prävention und Nachsorge. Online-Quelle. Zugriff am 14.12.2013. Unter: http://www.cardiotest.net/ipn-test-download.html

Weineck, J: (2007). *Optimales Training*, 15. Auflage. Bahlingen: Spitta

Wollenberg, C. 2013. Online-Quelle. Auf: Blutdruckdaten.de. Zugriff am 13.12. 2013. Unter: http://www.blutdruckdaten.de/puls-normalwerte.html

BEI GRIN MACHT SICH IHR WISSEN BEZAHLT

- Wir veröffentlichen Ihre Hausarbeit,
  Bachelor- und Masterarbeit

- Ihr eigenes eBook und Buch -
  weltweit in allen wichtigen Shops

- Verdienen Sie an jedem Verkauf

Jetzt bei www.GRIN.com hochladen
und kostenlos publizieren